Der Herr ist mein Hirte, nichts wird mir fehlen.

Psalm 23

Ermutigungen zum Leben

benno

Bibliografische Information Der Deutschen Bibliothek
Die Deutsche Bibliothek verzeichnet diese Publikation in der Deutschen Nationalbibliografie; detaillierte bibliografische Daten sind im Internet über http://dnb.ddb.de abrufbar.

Besuchen Sie uns im Internet unter
www.st-benno.de

ISBN 978-3-7462-2645-3

Zusammengestellt und herausgegeben von Volker Bauch, Leipzig
Umschlaggestaltung: Ulrike Vetter, Leipzig, unter Verwendung eines Bildes von
© Getty Images / Martin Ruegner
Gesamtherstellung: Arnold & Domnick, Leipzig (A)

Inhaltsverzeichnis

מִזְמ֥וֹר לְדָוִ֑ד
יְהוָ֥ה רֹ֝עִ֗י לֹ֣א אֶחְסָֽר
בִּנְא֣וֹת דֶּ֭שֶׁא יַרְבִּיצֵ֑נִי עַל־מֵ֖י מְנֻח֣וֹת יְנַהֲלֵֽנִי

נַפְשִׁ֥י יְשׁוֹבֵ֑ב יַֽנְחֵ֥נִי בְמַעְגְּלֵי־צֶ֝֗דֶק לְמַ֣עַן שְׁמֽוֹ

גַּ֤ם כִּֽי־אֵלֵ֨ךְ בְּגֵ֪יא צַלְמָ֡וֶת לֹא־אִ֘ירָ֤א רָ֗ע
כִּי־אַתָּ֥ה עִמָּדִ֑י שִׁבְטְךָ֥ וּ֝מִשְׁעַנְתֶּ֗ךָ הֵ֣מָּה יְנַֽחֲמֻֽנִי

תַּעֲרֹ֬ךְ לְפָנַ֨י ׀ שֻׁלְחָ֗ן נֶ֥גֶד צֹרְרָ֑י
דִּשַּׁ֖נְתָּ בַשֶּׁ֥מֶן רֹ֝אשִׁ֗י כּוֹסִ֥י רְוָיָֽה

אַ֤ךְ ׀ ט֤וֹב וָחֶ֣סֶד יִ֭רְדְּפוּנִי כָּל־יְמֵ֣י חַיָּ֑י
וְשַׁבְתִּ֥י בְּבֵית־יְ֝הוָ֗ה לְאֹ֣רֶךְ יָמִֽים׃

Ein Psalm Davids.

Der Herr ist mein Hirte, nichts wird mir fehlen.

Er lässt mich lagern auf grünen Auen
und führt mich zum Ruheplatz am Wasser.

Er stillt mein Verlangen; er leitet mich auf rechten Pfaden, treu seinem Namen.

Muss ich auch wandern in finsterer Schlucht, ich fürchte kein Unheil, denn du bist bei mir, dein Stock und dein Stab geben mir Zuversicht.

Du deckst mir den Tisch vor den Augen meiner Feinde. Du salbst mein Haupt mit Öl, du füllst mir reichlich den Becher.

Lauter Güte und Huld werden mir folgen mein Leben lang und im Haus des Herrn darf ich wohnen für lange Zeit.

Der Herr ist mein Hirte,
nichts wird mir fehlen.
Psalm 23,1

Das Bild vom Hirten

Er ist im Orient etwas anderes als bei uns. Ich bin an einer Schafherde vorbeigefahren: Alle grasten friedlich. Ich habe auch in Israel Schafe mit ihrem Hirten gesehen. Sie müssen sehr findig sein, um Wasserstellen zu finden. Sie müssen sich auch große Mühe geben, um in dem kahlen Land Gras herauszufinden. Und wenn sie dann an eine Wasserstelle oder an ein Stück Gras kommen, dann sind oft andere Hirten da, dann gibt es Streit: „Wir waren zuerst da!" Streit wie heute um einen Parkplatz. Ein Hirte muss seine Schafe verteidigen können: gegen Räuber und gegen wilde Tiere. Darum hat er nicht nur einen Hirtenstab wie bei uns. Luther übersetzt: „Dein Stecken und Stab". Wörtlich heißt es „Hirtenstab" und „Keule", also eine Waffe. Der Hirte muss also ein ganzer Mann sein, der sich einsetzt. Ich habe einmal in den Bergen gesehen, wie ein Hirte einem verstiegenen Schaf nachkletterte. Auch hier waren Mut, Gewandtheit und Einsatz notwendig. So wird verständlich, dass im Orient das Bild vom Hirten auch für den König, den Führer eines Volkes, und auch für Gott den Herrn gebraucht wurde. Hirte, das ist jemand, auf den man sich verlassen kann, der für einen sorgt, auch in Gefahr. Nun heißt es in diesem Psalm ja nicht: Irgendein Mensch ist Hirte oder Führer, sondern Gott allein. Gott ist mein Hirte. Ihm allein verdanken wir, wenn wir heute noch Wasser trinken, die Luft atmen können, wenn wir satt werden und ein Dach über dem Kopf haben. Das ist nicht selbstverständlich. Es ist sicher unsere Mühe und Arbeit. Aber was wäre das alles ohne Gottes Gnade, der uns trotz der Umweltverschmutzung immer noch leben lässt? Dass Gott für uns sorgt, ist nicht an dieser Welt abzulesen. Die Worte dieses Psalms sind ein Bekenntnis zu dem lebendigen Gott – oft gegen die eigene Erfahrung. Überall dort, wo wir unseren Lebensweg erkennen, wo wir den geraden Weg gehen können, unsere Seele erquickt wird und wir fröhlich sind, da verdanken wir es dem lebendigen Gott. Das bedeutet, dass wir aus seiner Hand leben, ihn loben und ihm danken.

Roland Goeden

Gott ist uns Zuflucht und Stärke,
ein bewährter Helfer in Zeiten der Not.
Darum fürchten wir uns nicht,
selbst wenn die Erde erbebt,
wenn die Berge wanken und in die Tiefen des Meeres versinken,
wenn die Wogen tosen
und schäumen
und die Berge erschüttert werden.

Ps 46,1–4a

„Aber tröstlich ist, dass er unser ‚Hirte' ist. Darin liegt alles, was nur Gutes und Tröstliches von Gott gesagt werden kann. Es besagt, ist der Herr mein Hirte und ich sein Schaf, so bin ich wohl versorgt an Leib und Seele. Er wird mich reichlich ernähren; mich schützen und bewahren vor Unglück; für mich sorgen, mir aus aller Not helfen, mich trösten, stärken; er wird das an mir tun, was ein frommer Hirte tun soll."

Martin Luther

Der Einzelne, ICH stehe vor meinem Gott und singe und bete: „Der Herr ist mein Hirte, nichts wird mir mangeln. Er weidet mich auf einer grünen Aue und führet mich zum frischen Wasser. Er erquicket meine Seele." So sorglos, so schön sind die Bilder. Man muss sie gar nicht wiederholen, man muss sie sich nur vor sein geistiges Auge holen. „Grüne Aue, frisches Wasser." Da steckt so viel Vertrauen und Geborgenheit drin. Ach schön. Wie schön wäre es, wenn man dieses Vertrauen noch aufbringen könnte.

Und es stellen sich die Bilder von früher ein, als ich ein Kind war und krank lag. Da war wichtig, dass die Mutter die Hand hielt und die Wadenwickel wechselte und in der Nacht noch einmal nach einem schaute. Dadurch war man zwar noch immer krank, aber man war nicht allein und fühlte sich geborgen. Wenn ich einen Unfall hatte, brachten mich meine Eltern zum Arzt oder besuchten mich im Krankenhaus. Und als ich nach Hause kam, lag eine Tüte Bonbons auf dem Kopfkissen. Der Schmerz war dadurch nicht weg und das Unglück auch nicht ungeschehen. Aber man spürte, dass man geliebt wurde und willkommen war. Die Liebe trägt, wenn die Not wächst.

Leider fällt es unserer Zeit schwer, ihre Heimat in Gott zu finden. Allzu schnell sind wir lieber Ankläger Gottes und lassen gerade da seine Hand los, wo die Nacht dunkel wird. Da ist sogar mein Hund schlauer. Der versteckt sich dann hinter meinem Bein und fragt nicht nach, warum es dunkel ist. Gott machen wir verantwortlich für unser Missgeschick und merken gar nicht mehr, wie maßlos wir geworden sind. Die meisten von uns sind nie bei Gott eingezogen. Das war ihnen zu nah, zu moralisch, zu eng. Als ob der, der mit Gott geht, nicht mehr richtig leben dürfte. Als ob man etwas versäumen würde. Wo kommen diese Bilder her?

Und dann passiert es, wenn wir bei Gott kein Zuhause haben. Dann nisten wir uns bei uns selbst ein. Wir meinen selbst zu wissen, wie die grüne Aue für uns auszusehen hätte und wie das frische Wasser zu schmecken hätte und was für uns die rechte Straße ist. Aus dem Vertrauen wird Selbst-Vertrauen und aus der Bestimmung Selbst-Bestimmung und bevor wir zu Schafen verkommen, verstoßen wir lieber den Herren und werden selbstherrlich. Und von der Geborgenheit bleibt nur noch die Sehnsucht danach zurück. Doch gestillt wird sie nicht mehr.

Und ob ich schon wanderte im finstern Tal, fürchte ich kein Unglück; denn du bist bei mir, dein Stecken und Stab trösten mich. Wer kann das noch nachsprechen? Unser Selbst wird immer zu klein sein, um die Stürme und Untiefen des Lebens zu bewältigen. Wenn das Selbst angeknackst ist, kann es eben nicht mehr die Kraft aus sich selbst schöpfen. Und dann werden sie gesucht, die magischen Orte und Traumfresser, und die Karten werden gelegt und alles Mögliche herbeibeschworen …

Doch der Weg zurück ist schwer. Was haben wir für ein Gottesbild, dass wir meinten, wir könnten uns an den finsteren Tälern vorbei schleichen. Wichtig wird sein, was wir im Gepäck haben und wo wir uns eingeübt haben und was uns vertraut geworden ist – gerade in den harten Zeiten, wo kein Geld mehr hilft und kein Ansehen der Person mehr zählt.

Gott ist unsre Zuversicht und Stärke, eine Hilfe in den großen Nöten, die uns getroffen haben. Darum fürchten wir uns nicht, wenn gleich die Welt unterginge, heißt es in Ps 46. und bei uns: Der Herr ist mein Hirte. Doch wer will schon ein Schaf sein und sich führen lassen? Viel lieber

sagen wir: „Ich bin mein Hirte. Mir wird nichts mangeln. Ich weide auf einer grünen Aue und gehe zum frischen Wasser. Ich erquicke meine Seele. Ich weiß schon die rechte Straße." Und dann? Dann fürchten wir alles Unglück und haben allein durchzustehen, das finstere Tal. Und wir haben heute Angst, weil wir nicht wissen, was morgen ist. Heinrich Giesen schreibt: „Weil Gott weiß, was morgen ist, brauchen wir heute keine Angst zu haben."

Der Psalm 23 verschweigt nicht, was Leben auch ist. Es ist kein blindes Vertrauen, sondern ein endloses. Und es ist beides da. Die grüne Aue und das finstere Tal, im Vertrauen auf Gott. Ein gedeckter Tisch und dennoch Feinde, getragen von dem, der uns salbt und uns voll einschenkt. Hier wird nichts weggelassen. Das ganze Leben vor Gott und mit Gott. Nicht nur die Täler, auch die Höhen. Endloses Vertrauen.

Spüren Sie es auch. Die Lebenssicht verändert sich, wenn wir mit Gott in Berührung kommen. Das ICH erweitert sich zum DU. Der Kampf darf aufhören. Der Herr ist mein Hirte, mir wird nicht mangeln.

Dass wir uns manchmal nicht schämen, Gott anzuklagen – Gott sein Leid klagen ist etwas anderes – aber Gott anzuklagen, wo wir die meiste Zeit ganz gut und auch lieber ohne ihn ausgekommen sind. Ist es wirklich so schlimm, Schaf zu sein?

Dabei heißt es von ihm: Du salbest mein Haupt mit Öl und schenkest mir voll ein – wer hier seine Taufe spürt und das Abendmahl schmeckt, hat recht gespürt und gut geschmeckt. Drunter geht es auch nicht. Wir müssen wissen, wo wir hingehören und wo uns Gutes widerfährt. Lassen wir uns das nicht wegnehmen durch das Geschnatter und Gerassel der Welt. Und es wird sich einstellen, womit der Psalm schließt – wie von selbst kommt es zum Fließen. Gutes und Barmherzigkeit werden mir folgen mein Leben lang, und ich werde bleiben im Hause des HERRN immerdar.

Pfarrer Martin Adel

Und ob
ich von schweren Gedanken bedrängt werde,
meine Schwächen schmerzlich erleide,
mir in dunklen Stunden selbst fremd bin,
mich in Konflikten des Alltags verletzte,
mir Kritiker hart meine Grenzen zeigen,
mich das Leid meiner Menschenbrüder entsetzt
und ich im Leben mein Sterben kommen spüre,
weiß ich mich dennoch von Deiner Hand gehalten.

Und ob,
ich bin unendlich geborgen,
denn Du bist immer bei mir.
Deine Nähe umgibt mich Tag und Nacht.
Du holst mich von falschen Wegen zurück.
Du nährst mich im Hunger mit Brot und Wein.
Deinen Namen hast Du mit meinem verbunden.
Du siegst für mich über finstere Gewalten.
Dein Tisch reicht durch die Wand des Todes.
Du meinst es auf ewig gut mit mir.

Ich bin unendlich geborgen,
denn Du bist immer bei mir.

Und ob.

Aria
Ich bin ein guter Hirt,
Ein guter Hirt lässt sein Leben für die Schafe.

Aria
Jesus ist ein guter Hirt;
Denn er hat bereits sein Leben
Für die Schafe hingegeben,
Die ihm niemand rauben wird.
Jesus ist ein guter Hirt.

Choral
Der Herr ist mein getreuer Hirt,
Dem ich mich ganz vertraue,
Zur Weid er mich, sein Schäflein, führt
Auf schöner, grüner Aue,
Zum frischen Wasser leit er mich,
Mein Seel zu laben kräftiglich
Durch selig Wort der Gnaden.

Recitativo
Wenn die Mietlinge schlafen,
Da wachet dieser Hirt bei seinen Schafen,
So dass ein jedes in gewünschter Ruh
Die Trift und Weide kann genießen,
In welcher Lebensströme fließen.
Denn sucht der Höllenwolf gleich einzudringen,

Die Schafe zu verschlingen,
So hält ihm dieser Hirt doch seinen Rachen zu.

Aria
Seht, was die Liebe tut.
Mein Jesus hält in guter Hut
Die Seinen feste eingeschlossen
Und hat am Kreuzesstamm vergossen.
Für sie sein teures Blut.

Choral
Ist Gott mein Schutz und treuer Hirt,
Kein Unglück mich berühren wird:
Weicht, alle meine Feinde,
Die ihr mir stiftet Angst und Pein,
Es wird zu eurem Schaden sein;
ich habe Gott zum Freunde.

Johann Sebastian Bach (Kantate BWV 85)

Er lässt mich lagern
auf grünen Auen
und führt mich zum
Ruheplatz am Wasser.
Psalm 23,2

Der 23. Psalm

Ein Psalm Davids.
Der Herr ist mein Hirte;
mir wird nichts mangeln.
Er weidet mich auf grüner Aue
und führet mich zum frischen Wasser.
Er erquicket meine Seele;
er führet mich auf rechter Straße
um seines Namens willen.
Und ob ich schon wanderte im finstern Tal,
fürchte ich kein Unglück;
denn du bist bei mir,
dein Stecken und dein Stab trösten mich.
Du bereitest vor mir einen Tisch
im Angesicht meiner Feinde.
Du salbest mein Haupt mit Öl und
schenkest mir voll ein.
Gutes und Barmherzigkeit werden mir folgen
mein Leben lang,
und ich werde bleiben im Hause des Herrn
immerdar.

Übersetzung nach Martin Luther

Herrliche Freude

„Die aber von diesem frischen und lebendigen Wasser trinken, die leiden wohl in der Welt Trübsal und Ungemach. Doch wird es ihnen an rechtem Trost nimmermehr fehlen und besonders, wenn es zum Treffen kommt, wendet sich das Blatt mit ihnen, dass es so heißt: Nach kurzem Weinen kommt ewiges Lachen. Nach geringem Leide kommt herrliche Freude. Denn sie sollen nicht zugleich hier und dort weinen und traurig sein, sondern wie Christus spricht, selig seid ihr, die ihr hier weinet, denn ihr werdet lachen …“

Martin Luther

Ruhen in Gott

Stille kommt von stehen. Wer still werden will, muss stehenbleiben, um schauen und horchen zu können.
„Nur zu Gott hin wird meine Seele still“, sagt der Psalmist.
Wie eine Mutter ihr hungriges Kind stillt,
so braucht unsere Seele den mütterlichen Gott,
der das unruhige Herz beruhigt, der unsere Sehnsucht stillt.
Dann wird die Stille zum Ruhen in Gott,
zum Stehen in Gottes Gnade.

Anselm Grün

Ruhe

Ruhe davon, immer selber wissen zu wollen,
was gut für mich ist. Warum? Der Herr ist
mein Hirte.
Ruhe von der Last der Unzufriedenheit.
Warum?
Mir wird nichts mangeln.
Ruhe von der Last der Erschöpfung. Warum?
Er weidet mich auf einer grünen Aue.
Ruhe von der Last des Sorgens. Warum?
Er führet mich zum frischen Wasser.
Ruhe von der Last der Hoffnungslosigkeit.
Warum?
Er erquicket meine Seele.
Ruhe von der Last der Schuld. Warum?
Er führet mich auf rechter Straße.
Ruhe von der Last des Stolzes. Warum?
Um seines Namens willen.
Ruhe vom finsteren Tal des irdischen Sterbens.
Warum?
Denn du bist bei mir.
Ruhe von der Last der Traurigkeit. Warum?
Dein Stecken und Stab trösten mich.
Ruhe von der Last der Angst. Warum?
Du bist da.

Ruhe von der Last der Einsamkeit. Warum?
Du bist bei mir.
Ruhe von der Last der Scham. Warum?
Du bereitest vor mir einen Tisch
im Angesicht meiner Feinde.
Ruhe von der Last der Enttäuschung. Warum?
Du salbst mein Haupt mit Öl.
Ruhe von der Last des Zweifels. Warum?
Ich werde bleiben im Hause des Herrn immerdar.

Max Lucado

*Er stillt mein Verlangen;
er leitet mich auf rechten
Pfaden, treu seinem Namen.*

Psalm 23,3

Der Herr geht neben mir

Er weiß, was ich brauche
und was zu viel für mich ist.
Wo alles dürr und sinnlos erscheint,
kennt er verborgene Quellen.
Er führt mich nie in die Irre,
ich darf ihn doch Vater nennen.

Und wenn die Welt keinen Ausweg weiß,
Angst brauche ich nicht zu haben,
denn du bist bei mir.
Du hältst mir dein Jawort hin
wie einen stützenden Stab.
Ich sitze so unbekümmert an deinem Tisch,
als hätte ich keine Feinde.
Ich bin dir ganz wichtig,
als sei sonst keiner mehr da.
Nie brauch' ich zu denken:
Der Herr vergisst mich.
Du gehst mir überall nach
und du hast für mich eine Wohnung bereit,
die Heimat für immer bleibt.

Winfrid Schiffers

Geschenk für meine Seele

Gott sorgt auch fürs seelische Wohl.
Es geht mir gut, wenn ich weiß,
wo es im Leben lang geht.
Dabei könnte ich die 10 Gebote als Angebote
und damit als etwas Erquickendes ansehen:
Du kannst Gott alles anvertrauen,
schütte ihm dein Herz aus.
Du hast einen freien Tag in der Woche,
deck ihn nicht mit Arbeit zu.
Du kannst leben inmitten von Leben,
das auch leben will, freu dich daran.
Du besitzt etwas, womit du anderen eine
Freude bereiten kannst.
Du hast einen guten Ruf und musst ihn nicht
größer machen, indem du andere erniedrigst.
Die Angebote Gottes sind ein Geschenk für
meine Seele und ich sollte dieses Geschenk
nicht einfach in den Müll werfen oder unbe-
achtet liegen lassen.

Christian Fleischer

Meine Zuversicht

Dennoch bleibe ich stets an dir;
denn du hältst mich bei meiner rechten Hand,
du leitest mich bei deinem Rat
und nimmst mich am Ende mit Ehren an.
Wenn ich nur dich habe,
so frage ich nichts nach Himmel und Erde.
Wenn mir gleich Leib und Seele verschmachtet,
so bist du doch, Gott,
meines Herzens Trost und mein Teil.
Aber das ist meine Freude,
dass ich mich zu Gott halte
Und meine Zuversicht setze auf Gott
den Herrn,
dass ich verkündige all dein Tun.

Psalm 73, 23-26.28

Die Kraft des Wortes Gottes

„Er tut das nicht vergebens, denn die Kraft des Wortes Gottes macht es. So beschützt, hat ein Schäflein in aller Sicherheit seine Weide und Lust. Es ist ein Mensch, der an einem reichlich gedeckten Tisch sitzt und alles hat, Essen, Trinken, Trost und Freude, dem es an nichts mangelt, der keinen Mangel hat an ihm."

„Danach ist er ein Gast an Gottes Tisch, wo er Stärke und Trost, Erquickung und Freude reichlich findet. Der Prophet gibt dem Wort Gottes mancherlei Namen: Er nennt es ein fein lustig grünes Gras, ein frisches Wasser, einen richtigen Weg, einen Stecken, Stab, Tisch, Balsam, Freudenöl und einen Becher, der stets voll eingeschenkt ist."

Martin Luther

Nach Psalm 23

Bei Gott bin ich geborgen –
wozu sorge ich mich?

Er gibt mir Nahrung für Geist und Herz,
wenn sonst keiner meinen Hunger stillt,
wenn mir zwischen den Fingern zerrinnt,
womit Menschen mich abspeisen.

Er gibt das Wasser, das den Durst stillt,
den Durst nach dem wirklichen Leben.
Wohin immer er mich führt,
er gibt Lebensfülle und Kraft.

Er gibt mir sicheren Schritt,
er zeigt mir meinen Weg,
und der Weg wird mich zum Leben führen,
so gewiss es Gott ist, der mich führt.

Jörg Zink

Muss ich auch wandern in
finsterer Schlucht,
ich fürchte kein Unheil;
denn du bist bei mir,
dein Stock und dein Stab
geben mir Zuversicht.
Psalm 23,4

Das finstere Tal

Dann kommt das zweite Bild vom finsteren Tal. Wörtlich heißt es: „Das Tal des Todesschattens". Alle, die wir hier zusammen sind, haben schon mit diesem Tal des Todesschattens Bekanntschaft gemacht. Der Beter dieses Psalms sagt ja nicht: Wenn ich mich auf Gott verlasse, wenn Gott mein Hirte ist, dann wird alles glatt gehen, dann wird mir nichts passieren. Auch dann gilt: Man muss manchmal durch tiefe Täler gehen, durch das Tal des Todes. Es wird nicht gesagt: Das erspart Gott uns, sondern es heißt: „Du bist bei mir, darum fürchte ich mich nicht. Du erquickst mich, deine Waffen können mich geleiten, auch da, wo menschliche Hoffnung zu Ende ist."

Wir hörten vorhin die Worte aus dem Johannesevangelium (Joh 10, 12-15.27-30), mit denen Jesus in diesen Psalm eintritt: Das Neue Testament sagt uns: Jesus ist die Ikone, das Image Gottes in dieser Welt. Was Gott als König und Hirte bedeutet, das wird in Jesus anschaulich, das wird in Jesus Fleisch und Blut, das wird in Jesus Mensch. Jesus sagt: „Der gute Hirte lässt sein Leben für die Schafe." Das heißt, Jesus ist selbst auch in das Tal des Todes hinabgestiegen.

Er hat am eigenen Leibe erfahren, was es heißt, den Tod zu erleiden. Und er hat nicht immer gewusst, dass Gott bei ihm ist. Jesus hat am Kreuz gerufen: „Mein Gott, mein Gott, warum hast du mich verlassen?" Er hat die Tiefe der Anfechtung am eigenen Leibe erfahren. Und doch hat er gerufen: „Mein Gott, mein Gott!". Das heißt, er hat doch mit Gott gerechnet, trotz aller Gottverlassenheit. – In diese Spannung führt uns die Heilige Schrift hinein.

Ich glaube, wir Christen können den Psalm in seiner Tiefe nur verstehen, wenn wir ihn durch Christus sehen. Das schließt die andere, die geschichtliche Auslegung nicht aus, sondern ein. Das Volk Israel hat ja an diesem Psalm festgehalten. Nur 40 Jahre seiner Geschichte, unter König Salomo, hatte Israel Frieden und Wohlstand. Sonst war Israel fast immer Kriegsschauplatz. Und doch hat das Volk nicht gesagt: „Diese Psalmen haben sich überlebt." Sondern sie haben daran festgehalten. Und auch in Auschwitz wurde dieser Psalm gebetet: „Und ob ich schon wanderte im Tal des Todesschattens, bist du doch bei mir." Wenn man diesen Psalm einmal durchbuchstabiert, wenn man versucht, darüber nachzudenken, dann erschließen sich immer neue und tiefe Dimensionen. Dann sieht

man: Es ist nicht so einfach, wie man vielleicht denkt: „Der Herr ist mein Hirte, also kann mir nichts passieren."
Gott führt einen manchmal auf gerader Straße und manchmal auch durch tiefe Abgründe. Und oft gegen alle Erfahrungen sagt uns das Wort Gottes: „Du bist bei mir, du bist mein Trost, auch wenn ich nichts davon sehe und spüre."

Roland Goeden

Alle Bücher, die ich gelesen,
haben mir den Trost nicht gegeben,
den mir das Wort in der Bibel
Psalm 23,4 gab:
Und ob ich schon wanderte
im finsteren Tal,
fürchte ich kein Unglück;
denn du bist bei mir.

Immanuel Kant

Und wenn ich nicht wüsste
Wohin meinen Kopf zur Ruhe betten
In dieser törichten Zeit
Und kein Abend mein unruhiges Herz
Aufnähme in die wohltuenden Arme
Der Dämmerung
So wird mein Gemüt doch gerettet
Durch die Barmherzigkeit Gottes
Und meine Seele bleibt unverwundet
Durch seine Güte
Und meine Heiterkeit darf ich allzeit
Ausüben
Durch seinen Geist
Der so unendlich ist
Dass er kein Ende berührt
Auch wenn er im Kreise ginge.

Hanns Dieter Hüsch

Der Herr ist mein getreuer Hirt

Der Herr ist mein getreuer Hirt,
hält mich in seiner Hute,
darin mir gar nicht mangeln wird
jemals an einem Gute.
Er weidet mich ohn Unterlass,
da aufwächst das wohlschmeckend Gras
seines heilsamen Wortes.

Zum reinen Wasser er mich weist,
das mich erquickt so gute,
das ist sein werter Heilger Geist,
der mich macht wohlgemute;
er führet mich auf rechter Straß
in seim Gebot o hn Unterlass
um seines Namens willen.

גַּם כִּי־אֵלֵךְ בְּגֵיא צַלְמָוֶת לֹא־אִירָא רָע

Ob ich wandert im finstern Tal,
fürcht ich doch kein Unglücke
in Leid, Verfolgung und Trübsal
in dieser Welte Tücke:
Denn du bist bei mir stetiglich,
dein Stab und Stecken trösten mich,
auf dein Wort ich mich lasse.

Du b'reitest vor mir einen Tisch
vor mein' Feind' allenthalben,
machst mein Herz unverzaget frisch;
mein Haupt tust du mir salben
mit deinem Geist, der Freuden Öl,
und schenkest voll ein meiner Seel
deiner geistlichen Freuden.

Gutes und viel Barmherzigkeit
folgen mir nach im Leben,
und ich werd bleiben allezeit
im Haus des Herren eben
auf Erd in der christlichen G'mein,
und nach dem Tode werd ich sein
bei Christus, meinem Herren.

Augsburg 1531

Du deckst mir den Tisch vor den Augen meiner Feinde. Du salbst mein Haupt mit Öl, du füllst mir reichlich den Becher.

Psalm 23,5

Ein Fest im Sinne der Bibel

Das dritte Bild ist für uns Abendländer ein sehr fremdes Bild. Wir fragen: Was bedeutet das? Alle diejenigen unter Ihnen, die Karl May gelesen haben – die ersten Bände wie „Durch die Wüste" – kennen vielleicht die Geschichte, wie ein Reiter von Feinden verfolgt wird. Sie sind dicht hinter ihm, da sieht er vor sich die Zelte eines Beduinenstammes. Mit letzter Kraft rettet er sich in den Bereich dieser Zelte. Er stürzt zu Boden und steht nun unter dem Schutz dieses Stammes. Das Gastrecht der Wüste erfordert, dass man einen Flüchtling aufnimmt und ihn notfalls gegen Feinde verteidigt. Er setzt sich hin, er wird gewaschen, die schorfige, verbrannte Haut wird mit Öl behandelt. Man setzt vor ihn einen kleinen Tisch, er bekommt zu essen und zu trinken. Die Feinde reiten heran, aber sie müssen abdrehen, sie können den Verfolgten nicht fassen, denn er steht unter dem Schutz eines mächtigen Stammes. – Dies ist das Bild. Luther, der große Meister der Schriftauslegung, sagt dazu: Unsere Feinde, das sind unsere Sünden, unsere Sorgen, das sind Hölle, Tod und Teufel. Aber die können uns nichts antun, denn Gott der Herr speist uns mit seinem

Wort, mit seiner Gegenwart. Luther kann sogar dieses Bild „Tisch im Angesicht meiner Feinde“ auf das Abendmahl beziehen. Gott bereitet uns einen Tisch: Da mögen uns die Weltprobleme bedrohen, Krieg, Abgase und Terror. Diese Feinde können uns letzten Endes nur das Leben nehmen, aber sie können uns angesichts der Ewigkeit nichts anhaben, weil Gottes Wort und seine Gegenwart im sichtbaren Wort des Sakraments stärker sind. Und dann erinnert Luther an das Abendmahl Christi: Jesus sitzt mit seinen Jüngern zusammen am Abend seiner Verhaftung. Er weiß, was ihn erwartet, er hat sich zwischen alle Stühle gesetzt. Er weiß, dass er, weil er Gott ganz gehorcht, getötet werden wird. Er muss sein Leben für seine Schafe lassen. Er weiß das. – Was tut man angesichts einer solchen Situation? Wie würden wir reagieren? Aufgeregt, nervös, betend? Jesus feiert mit seinen Jüngern ein Fest – angesichts des Todes. Er isst und trinkt mit ihnen. Ein Fest im Sinne der Bibel, das bedeutet: Ablassen vom eigenen Tun und Gottes Tun Raum geben.

Roland Goeden

O Herr, du hast uns gesagt,
dass unser Vater im Himmel für uns sorgen wird,
so wie er für die Lilien auf dem Felde
und die Vögel unter dem Himmel sorgt.
Du, der nicht einmal einen Platz hatte,
wohin er sein müdes Haupt legen konnte,
sei unser Lehrer.
Lehre uns, auf Gottes Vorsehung zu vertrauen,
und hilf uns,
unsere menschliche Habgier zu überwinden.
Habgier hat nie jemanden glücklich gemacht.
Gib uns die Kraft, uns dir ganz zu ergeben,
damit wir ein Werkzeug sein können,
deinen Willen zu erfüllen.
Segne den Gebrauch des Geldes in der Welt,
damit die Hungernden gespeist,
die Nackten gekleidet,
die Armen beherbergt und die Kranken
gepflegt werden können.
Und Herr, gib uns deinen Heiligen Geist,
damit wir durch den Glauben,
den du uns verleihst, klar erkennen,
dass wir alle vor dir mehr gelten
als jede schöne Lilie oder jede singende Lerche
in der Luft.

Mutter Teresa

Der Herr, der aller Enden regiert

Der Herr, der aller Enden regiert mit seinen Händen, der Brunn der ewgen Güter, der ist mein Hirt und Hüter.

Solang ich diesen habe, fehlt mirs an keiner Gabe; der Reichtum seiner Fülle gibt mir die Füll und Hülle.

Er lässet mich mit Freuden auf grüner Aue weiden, führt mich zu frischen Quellen, schafft Rat in schweren Fällen.

Wenn meine Seele zaget und sich mit Sorgen plaget, weiß er sie zu erquicken, aus aller Not zu rücken.

Er lehrt mich tun und lassen, führt mich auf rechter Straßen, lässt Furcht und Angst sich stillen um seines Namens willen.

Und ob ich gleich vor andern im finstern Tal muss wandern, fürcht ich doch keine Tücke, bin frei vom Missgeschicke.

Denn du stehst mir zur Seiten, schützt mich vor bösen Leuten; dein Stab, Herr, und dein Stecken benimmt mir all mein Schrecken.

Du setzest mich zu Tische, machst, dass ich mich erfrische, wenn nur mein Feind viel Schmerzen erweckt in meinem Herzen,

Du salbst mein Haupt mit Öle und füllst mir Herz und Seele, die leer und durstig saßen, mit vollgeschenkten Maßen.

Barmherzigkeit und Gutes wird mein Herz guten Mutes, von Lust, voll Freud und Lachen, solang ich lebe, machen.

Ich will dein Diener bleiben und dein Lob herrlich treiben im Hause, da du wohnest und Frommsein wohl belöhnest.

Ich will dich hier auf Erden und dort, da wir dich werden selbst schaun im Himmel droben, hoch rühmen, singen, loben.

Paul Gerhardt

Psalm 23

Immer wieder
der Versuch, zu entkommen beiden,
dem finsteren Tal und dem Hirtenstab,
der mich tröstet.

Immer wieder
höre ich gern:
Mir wird nichts mangeln.
Aber die Probe
im Angesicht meiner Feinde
mache ich nicht.

Immer wieder
fürchte ich mich
vor dem Unglück
und schenke dennoch voll ein
dem Argwohn
an deinem Tisch.

Rudolf Otto Wiemer

Psalm 23 bei den Indianern

Der große Vater über uns ist ein Hirte –
bei ihm gebricht es uns an nichts.
Er wirft mir ein Seil zu, das Liebe heißt,
er zieht mich dahin, wo grüne Weide ist,
zu Wasserstellen, wo keine Gefahr droht.
Dort habe ich Speise und friedliche Rast.
Wohl ist mein Herz zuzeiten sehr schwach
und lässt den Mut sinken:
Aber er richtet mich wieder auf
und führt mich auf einen guten Weg.
Sein Name ist „Wunderbar".
Eines Tages – es mag nahe sein oder ferne
oder noch ganz fern in der Zukunft –
wird er mich an einen Ort führen,
der von Bergen umschlossen ist. Dunkel ist es
da, aber ich werde nicht widerstreben.
Ich werde mich auch nicht fürchten,
denn dort zwischen den Bergen
wird mir der große Hirte begegnen
und der Hunger meines ganzen
Lebens gestillt werden.
Manchmal macht er eine Geißel
aus dem Seil seiner Liebe:

Danach aber gibt er mir einen Stab,
auf den Ich mich stützen kann.
Er deckt mir den Tisch mit Speisen aller Art.
Er legt mir die Hand aufs Haupt
und all meine Müdigkeit ist verschwunden.
Meinen Becher füllt er mir zum Überfließen.
Was ich euch sage, ist wahr – ich lüge nicht.
Diese Wege, die weit vor mir liegen,
werden doch lebenslang mein
sicherer Pfad sein.
Und danach erwartet mich das Leben
im „großen Zelt";
dort wird mein Platz bei dem Hirten sein –
für immer.

Amen.

Hinterfragt

Der Herr ist mein Hirte,
ich Schaf,
mir wird nichts mangeln,
mir fehlt was.
Er weidet mich auf einer grünen Aue,
ich sitze auf dem Trockenen
und führet mich zum frischen Wasser,
mir stinkt's.
Er erquicket meine Seele,
ich leide.
Er führet mich auf rechter Straße,
wo geht das hin,
um seines Namens willen,
mein Gott, wer kennt den noch.
Und ob ich schon wanderte im finstern Tal,
irgendwie muss es ja mal aufwärts gehen,
fürchte ich kein Unglück,
am Ende holt's jeden,
dein Stecken und Stab trösten mich,
helfen kann einem da keiner.
Du bereitest vor mir einen Tisch,
mich übersieht man,
im Angesicht meiner Feinde,
man hasst mich.

Du salbest mein Haupt mit Öl,
   wer nimmt mich schon ernst,
und schenkest mir voll ein,
   ich komme immer zu kurz.
Gutes und Barmherzigkeit
werden mir folgen mein Leben lang,
   nichts als Ärger,
und ich werde bleiben im Hause
des Herrn immerdar,
   wenn ich nur wüsste, wohin ich gehöre.

Jürgen Rennert

Du bist gut

Du bist gut.
Du sorgst für mich.
Du gibst mir zu essen
und zu trinken.
Du gibst mir,
was ich brauche.
So viel ich will.

Du zeigst mir,
wo's langgeht.
Wenn ich schwarzsehe,
zeigst du mir
neue Perspektiven.

Ich brauche keine
Angst zu haben.
Wenn ich mutlos bin.
Wenn es mir dreckig geht.
Du lässt mich nicht im Stich.

Auf dich kann ich mich verlassen.
Wenn ich nicht mehr
aus noch ein weiß.
Du hilfst mir aus der Patsche.

Du kommst zu mir,
wenn ich einsam bin.
Wenn ich mich
von allen verlassen fühle.
In Ärger und Stress,
in Unfrieden und Ruhelosigkeit
finde ich zu mir selbst zurück.

Mir geht es gut.
Andere müssen zugucken.
Ich habe alles,
was ich brauche.
Und noch mehr.

Bei dir darf ich
sein, wie ich will,
bleiben, solange ich will.
Mein ganzes Leben.
So gut bist du.

Nach Psalm 23
Dietmar Rost / Joseph Machalke

*Lauter Güte und Huld
werden mir folgen
mein Leben lang,
und im Haus des Herrn darf
ich wohnen für lange Zeit.*

Psalm 23,6

Mein hirt ist gott der herr
mir fehlt nichts
er führt mich mitten durch wüsten
zu einer OASE
und läßt mich finden einen quell

er lenkt meine sehnsucht
und meine neugier
die groß ist
und läßt mich finden meinen weg

und wenn ich auch oft
durch dunkle tiefen muss
bis an den rand des todes
ich fürchte nicht meinen untergang

denn DU verborgener begleitest mich

dein stock
den ich spüre an meinem leib
sagt mir dass du mich nicht
aus dem auge verlierst

und was mich bedrückt
wird plötzlich zum trost

und du leitest mich auf des messers schneide
durch dunkelheit die umschlägt in licht

du hast immer zur rechten zeit
einen tisch mir gedeckt
und wenn ich meine
jetzt hat ER mich verlassen
dann fällt plötzlich brot aus der luft

du erfrischst mein gesicht
wenn angstschweiß mir auf der stirne steht
und wenn meine zunge am gaumen klebt
und ich sprachlos bin
kommt unverhofft ein schluck hoffnung

mein weg ist gezeichnet
von glück und angst und glück
und immer aufs neue umgibst du mich
mit zeichen der freundschaft

DU

Wilhelm Willms

Und wenn ich auch nichts mehr sähe
Von dieser albernen Welt
Und ich wollte die Wälder und Meere
Suchen
Die niederländischen und die
Mediterranen
Und ich fände sie nicht
Und fände nicht Tier noch Freund
Nicht Frau noch Kind
Und hätte auch keinen Gedanken
Mich aus dem Dickicht der Leere
Herauszuführen
Und da wäre kein Weg und kein Zeichen
Gottes Auge sieht meine Schwäche
Sieht meine Müdigkeit
Und lenkt mich mit Sanftmut
Nach Haus.

Hanns Dieter Hüsch

Gutes nicht vergessen

Lobe den Herrn, meine Seele,
und was in mir ist, seinen heiligen Namen!
Lobe den Herrn, meine Seele,
und vergiss nicht, was er dir Gutes getan hat:
der dir all deine Sünde vergibt
und heilet alle deine Gebrechen,
der dein Leben vor dem Untergang rettet
und dich mit Huld und Erbarmen krönt,
der dich dein Leben lang
mit seinen Gaben sättigt;
wie dem Adler wird dir die Jugend erneuert.
Der Herr vollbringt Taten des Heiles,
Recht verschafft er allen Bedrängten.
Er hat Mose seine Wege kundgetan,
den Kindern Israels seine Werke.
Der Herr ist barmherzig und gnädig,
langmütig und reich an Güte.
Er wird nicht immer zürnen,
nicht ewig im Groll verharren.
Er handelt an uns nicht nach unsern Sünden
und vergilt uns nicht nach unsrer Schuld.
Denn so hoch der Himmel über der Erde ist,
so hoch ist seine Huld über denen, die ihn
fürchten.

So weit der Aufgang entfernt ist
vom Untergang,
so weit entfernt er die Schuld von uns.
Wie ein Vater sich seiner Kinder erbarmt,
so erbarmt sich der Herr über alle, die ihn
fürchten.

Psalm 103, 1-13

Der Herr sei vor dir,
um dir den rechten Weg zu zeigen.
Der Herr sei neben dir,
um dich in die Arme zu schließen
und dich zu schützen.

Der Herr sei hinter dir,
um dich zu bewahren
vor der Heimtücke böser Menschen.

Der Herr sei unter dir,
um dich aufzufangen, wenn du fällst.
Der Herr sei mit dir, um dich zu trösten,
wenn du traurig bist.

Der Herr sei um dich herum,
um dich zu verteidigen,
wenn andere über dich herfallen.

Der Herr sei über dir,
um dich zu segnen.
So segne dich der gütige Gott.

4. Jahrhundert

Dank für den Segen Gottes

Gott sei uns gnädig und segne uns.
Er lasse über uns sein Angesicht leuchten,
damit auf Erden sein Weg erkannt wird
und unter allen Völkern sein Heil.
Die Völker sollen dir danken, o Gott,
danken sollen dir die Völker alle.
Die Nationen sollen sich freuen und jubeln.
Denn du richtest den Erdkreis gerecht.
Du richtest die Völker nach Recht
und regierst die Nationen auf Erden.
Die Völker sollen dir danken, o Gott,
danken sollen dir die Völker alle.

Psalm 67, 2-6

Mein Frieden

Den Frieden lasse ich euch zurück,
meinen Frieden gebe ich euch.
Ich gebe ihn euch nicht,
wie die Weit ihn gibt.
Euer Herz erschrecke nicht
und fürchte sich nicht.

Johannes 14, 27

Zum Leben erwachen

Gott, von dir sich abwenden heißt fallen.
Zu dir sich hinwenden heißt aufstehen.
In dir bleiben heißt sicheren Bestand haben.
Gott, dich verlassen heißt sterben.
Zu dir heimkehren heißt neu
zum Leben erwachen.
In dir weilen heißt leben.

Augustinus

Gestillt

Psalm 23 dürfte zu den Lieblingspsalmen von Marc Chagall gehört haben. Deshalb belässt er ihn nicht im Milieu von Hirte und Herde, sondern bezieht ihn im Bild unmittelbar auf sich selbst, er findet sich in ihm wieder.

Helle, lichte Atmosphäre durchwaltet das Bild. Wir sehen den Maler auf einem Stuhl sitzend, mehr auf der Kante, fast schwebend, die Beine lässig von sich gestreckt mit aufgerichtetem Oberkörper. Gestalt und Gesichtsausdruck künden Wohlbehagen: »Nichts wird mir fehlen.« Im Hochgefühl des Beglücktseins hat er gemalt: »Der Herr ist mein Hirte.«

Wie erfährt Marc Chagall die Hirtensorge Gottes? Für den Maler gehören dazu Palette, Pinsel, Staffelei, Leinwand, seine Bilder, ihm nicht weniger nötig als das tägliche Brot. Er hat sie gemalt.

Der Stuhl steht zur Seite, die Staffelei für uns unverdeckt frei. Anders als beim Malen hält er Palette und Pinsel in der rechten Hand, mit der linken auf sein Bild hinweisend. Doch nicht nur Zeigegestus! Die Hand ist zugleich nach oben geöffnet, Eingebungen, innere Bilder zu schöpfen, die von oben ihm zukommen, um diese dann umzusetzen in das von ihm gemalte Bild. Was für die Herde im Psalm »grüne Auen und Ruheplatz am Wasser« (Ps 23,2), sind für ihn Intuition und künstlerisches Schaffen. Malen und seine Bilder bringen ihm Wohlgefühl.

Sein Bild auf der Leinwand stellt Blumen in bauchiger Vase dar: Symbol für alles Schöne in der Welt. Er malt nicht nur für sich selbst, sondern für die Beschauer, die hinter ihm am linken Bildrand stehen. Ihr Blick ist durch Rücken und Stuhl des Künstlers verstellt. Sie sehen nicht viel, weil ihnen, so angedeutet, die Schau des Künstlers fehlt. Deshalb ist es wichtig, Menschen die Augen für seine Bilder zu öffnen, für das Gute, Schöne, Heilige in ihnen. Es gilt, die Schönheit der Schöpfung kundzutun, in ihr auf den Schöpfergott hinzuweisen, der diese Welt, auch ihren Blumenreichtum, geschaffen. So sitzt der Maler nicht vor der Staffelei, sondern seitlich, um das Tiefgründige im Kunstwerk den Beschauern zu erklären.

Gottes Hirtensorge erfährt der Künstler aber nicht nur in seiner Kunst, sondern auch in seiner Frau, die ihm geschenkt ist, um von ihr Liebe, Geborgenheit, Begleitung und Beglückung zu empfangen. Sie darf Gott helfen, »sein Verlangen zu stillen« in ganzmenschlicher Zuwendung, liebenswerten Eigenschaften, die ihr gegeben sind. Weil Geschenk Gottes, eine »himmlische Frau«, wie Marc Chagall seine Vava nannte, malt er ihr Flügel. Obschon eindeutig als Frau erkennbar, lässt er sie vom Himmel herabschweben, größer gemalt, weil er sie höher einschätzt als sich selbst.

Doch auch damit ist die Hirtensorge Gottes nicht erschöpft, nicht in seiner Kunst, nicht in seiner Frau, sondern im Tiefsten in ihm, der dies alles geschenkt: »Der Herr ist mein Hirte … Er leitet mich auf rechten Pfaden, treu seinem Namen«. So sehen wir in der rechten oberen Bildecke – über allem – einen Engel im Bild, der mit ausgestrecktem Arm den Weg zeigt, ihn auf »rechten Pfaden leitend«.

Von Gottes Hirtensorge, »Gottes Güte und Huld«, fühlt sich der Künstler in allen Lebensbereichen umfangen. Er vertraut darauf, dass sie ihm »folgen sein Leben lang«. In der Radierung erleben wir des Malers Glückssehnsucht GESTILLT.

Pfarrer Klaus Meyer

„Von meiner Kindheit an hat mich die Bibel mit Visionen über die Bestimmung der Welt erfüllt … In den Zeiten des Zweifels haben ihre Größe und ihre hohe dichterische Weisheit mich getröstet. Sie ist für mich wie eine zweite Natur."

Marc Chagall

Bei Marc Chagall in Saint-Paul de Vence 1957

Psalm 23

„Denn du bist mein Hirte"

1 Der Herr ist mein Hirte,
nichts wird mir fehlen.
2 Er lässt mich lagern auf grünen Auen
und führt mich zum Ruheplatz am Wasser.
3 Er stillt mein Verlangen;
er leitet mich auf rechten Pfaden,
treu seinem Namen.
4 Muss ich auch wandern in finsterer Schlucht,
ich fürchte kein Unheil; denn du bist bei mir,
dein Stock und dein Stab
geben mir Zuversicht.
5 Du deckst mir den Tisch
vor den Augen meiner Feinde.
Du salbst mein Haupt mit Öl,
du füllst mir reichlich den Becher.
6 Lauter Güte und Huld werden mir folgen
mein Leben lang,
und im Haus des Herrn darf ich wohnen
für lange Zeit.

Pater Augustinus Kurt Fenz

Psalm 23 ist ein individueller Dankpsalm, anderenfalls ein Vertrauenslied. – Im Judentum wird Psalm 23 bevorzugt bei Begräbnissen rezitiert. In der Urkirche haben ihn in der nächtlichen Osterfeier die Neugetauften zur Einstimmung auf das eucharistische Mahl gesprochen.

Jahwe hat sich immer schon des Einzelnen angenommen (V 1), wie ein Hirte seine Herde nicht als Masse behandelt, sondern ihre Individualität schätzt. Darum ist beispielsweise in „Jakobs letztem Willen“ zu lesen (Gen 48,14): „Gott, der mein Hirt war mein Lebtag bis heute.“ – Im Bild des Hirten ist die Idee der starken und gleichzeitig sanftmütigen Macht vorherrschend. Nach altorientalischem Sprachgebrauch ist hiermit gewiss keine bloß anmutige, romantische Vorstellung geboten.

Der Hirt führt seine Herde zu grünen Wiesenflächen und zu Wasserplätzen, er sucht ideale Bedingungen. Der so spricht, anerkennt die wohltuende Geborgenheit, die er durch Jahwe geschenkt, vorfindet: Ruhe vor wilden Tieren, feindlichen Hirten, Räubern – den Feinden. Die Pluralform verweist auf eine Ruhe in Fülle (V 2).

Der Hirt weckt „Lebenswillen, Lebenskraft", führt auf „rechten Pfaden", was die von Jahwe erhaltene Lebensordnung bezeichnet, die direkt zur Fülle des Heils führt (V 3). Das entspricht dem „Namen" Jahwes und offenbar zugleich dessen Heilsmacht; der Beter weiß sich in der Sicherheit des göttlichen „Namens" Jahwe. In der Erzählung vom „Brennenden Dornbusch" wird der Name „Jahwe" erklärt als „Ich bin da" (Ex 3,14): „Da antwortete Gott dem Mose: Ich bin der ‚Ich-bin-da'. Und er fuhr fort: So sollst du zu den Israeliten sagen: Der ‚Ich-bin-da' hat mich zu euch gesandt." Demzufolge ist das innerste Wesen Jahwes, „da zu sein"! – Wie Jahwe „da ist", wird skizziert. Weil er Hirte ist, verbringt er – im Orient heute noch so üblich – Tag und Nacht, Sommer und Winter sein Leben mit seiner Herde: Er ist da! Der göttliche Hirt bietet seiner Herde alles in Fülle.

Die „Finsternis" ist personifiziert (V 4), womit eine Tatsache der alltäglichen Lebenserfahrung bezeichnet wird, die zugleich bis in die Todesschatten führt (Ijob 10,21f; 38,17). Im stockdunklen Talkessel, auf abenteuerlichen Routen ängstigt kein Verderben, „denn du bist mit mir": der charakteristische Schwerpunkt des Vertrauens. – Weidekeule und Stab vermit-

teln ein Gefühl der Sicherheit: Wilde Tiere oder Räuber werden abgewehrt (1 Sam 17,34f), mit dem langen Hirtenstab werden die Schafe gelenkt oder miteinander kämpfende getrennt.

Jahwe, mein Gastgeber

5 „Du deckst mir den Tisch
vor den Augen meiner Feinde,
Du salbst mein Haupt mit Öl,
du füllst mir reichlich den Becher.
6 Lauter Güte und Huld werden mir folgen mein Leben lang,
und im Haus des Herrn darf ich wohnen für lange Zeit."

Der gedeckte Tisch (V 5) verweist auf einen Hausherrn, einen Gastgeber: Der Beter ist im Schutzbereich Jahwes. Das Gastmahl erhält durch „Salbung" und den „vollen Becher" den Ausdruck der Großzügigkeit. Angesichts dieser Erfahrung Jahwes vermag man sein Leben zuversichtlich zu gestalten, auch wenn „die Feinde" daraus nicht restlos weichen. Die „Feinde" sind ein Code für alle Feindseligkeiten des Lebens.

Man könnte an das Schutz- und Gastrecht im Tempel (V 6), an ein Festmahl anlässlich eines Dankopfers denken. Dagegen spricht, dass Jahwe das Gastmahl initiiert und nicht ein Mensch, der Gott Dank sagt; zudem ist die erwähnte Zeremonie der Salbung beim Opfermahl nicht üblich. Jedenfalls wird man an ein reichhaltiges Festessen denken und an die Worte, die Jesus an seinen Gastgeber gerichtet hat (Lk 7,46): „Du hast mir nicht das Haar mit Öl gesalbt; sie aber hat mir mit ihrem wohlriechenden Öl die Füße gesalbt." – Aber wo soll dieses Galaessen stattgefunden haben, wenn nicht im Tempel (V 6)? – Wie auch immer: Vor allem bleibt das Bewußtsein, im „Haus Jahwes" jederzeit Schutz, Ruhe und Labsal zu finden.

Anderseits bringt Psalm 23 den Exodus, den Auszug aus Ägypten, in Erinnerung (Ps 77,21; 78,52f): „Du führtest dein Volk wie eine Herde durch die Hand von Mose und Aaron." – „Dann führte er sein Volk hinaus wie Schafe, leitete sie wie eine Herde durch die Wüste. Er führte sie sicher, sie mußten nichts fürchten, doch ihre Feinde bedeckte das Meer."

Wer beglückt ausruft: Jahwe ist mein Hirt", der hat Erfahrung und Kenntnis, der weiß, wer Jahwe ist, sodass er feststellen kann, dass Jahwe sich sorgt wie ein guter Schäfer. Von irgendeiner numinosen Macht, die irgendwo über und hinter der Welt ihr Wesen hat und von der man nicht weiß, ob ihr etwas am Menschen gelegen ist, kann man nicht sagen „mein Hirte". Aber von einer solchen namenlosen göttlichen Macht redet der Psalmist auch nicht, sondern von dem Gott, der sich in Israel als Gebieter und Hirt der Seinen geoffenbart hat.

Der in V 2a verwendete Ausdruck „Aue" benennt mehrfach das Land, das Jahwe Israel als Lebensbereich gibt – Die „Ruhe" (V 2b) ist die Situation von Friede und Wohlbefinden, die das Dasein im Land Jahwes kennzeichnet. – Die wunderbare Führung an Wasser wird ins Gedächtnis gerufen – Der Exodus ist ein „Weg durch die Finsternis", der in ein üppiges „Gartenland" führt (Jer 2,6f). Diese Erfahrung gewinnt Israel während der langen Zeit der Wüstenwanderung (Dtn 2,7): „Vierzig Jahre lang war Jahwe, dein Gott, bei dir. Nichts hat dir gefehlt." Obwohl sie natürlich auch gefragt haben (Ps 78,19f): „Kann uns denn Gott den Tisch decken in der Wüste? Zwar hat er an den Felsen geschlagen, sodass Wasser floss und Bäche strömten. Kann er uns auch Brot verschaffen und sein Volk mit Fleisch versorgen?"

Zugleich bringt Psalm 23 eine Anspielung auf die prophetische Verheißung von der Er-

neuerung Israels durch den zweiten Exodus aus dem Exil (Jes 40,11): „Wie ein Hirt führt er seine Herde zur Weide, er sammelt sie mit starker Hand. Die Lämmer trägt er auf dem Arm, die Mutterschafe führt er behutsam." – Jahwe selbst führt sie aus dem Exil zurück (Jer 23,3): „Ich selbst aber sammle den Rest meiner Schafe aus allen Ländern, wohin ich sie versprengt habe. Ich bringe sie zurück auf ihre Weide; sie sollen fruchtbar sein und sich vermehren." – „Auf gute Weide will ich sie führen, im Bergland Israels werden ihre Weideplätze sein. Dort sollen sie auf guten Weideplätzen lagern, auf den Bergen Israels sollen sie fette Weide finden. Ich werde meine Schafe auf die Weide führen, ich werde sie ruhen lassen – Spruch Gottes, Jahwes" (Ez 34,14f).

Ebenfalls sind beim zweiten Exodus Wasserplätze eine Gabe Jahwes (Jes 35,6f-, 41,18): „In der Wüste brechen Quellen hervor, und Bäche fließen in der Steppe. (7) Der glühende Sand wird zum Teich und das durstige Land zu sprudelnden Quellen. An dem Ort, wo jetzt die Schakale sich lagern, gibt es dann Gras, Schilfrohr und Binsen." – „Auf den kahlen Hügeln lasse ich Ströme hervorbrechen und Quellen inmitten der Täler. Ich mache die Wüste zum Teich und das ausgetrocknete Land zur Oase."

Jahwe wird sein Volk aus der Finsternis herausführen (Jes 9, 1; 49,9): „Das Volk, das im Dunkel lebt, sieht ein helles Licht; über denen, die im Land der Finsternis wohnen, strahlt ein Licht auf. – … den Gefangenen zu sagen: Kommt heraus!, und denen, die in der Finsternis sind: Kommt ans Licht!"

Jeder Mensch steht in einer Bewährung seines Glaubens. Wer wird – wenn ihm schwere Nachteile angedroht werden – sich an das Attest des Psalmisten halten: Jahwe ist mein Hirte, nichts wird mir fehlen"? Der Mann, dem zum ersten Mal die Worte dieses Psalms über die Lippen gekommen sind, weiß davon, dass der Lebensweg streckenweise auch durch das „finstere Tal" gehen kann.

Wer heute den Psalm betet, der sollte dabei vor Augen haben, dass Gott sich in Jesus Christus als der gute Hirte geoffenbart hat. Er ist im Alten Testament als guter Hirt vorhergesagt (Mi 5,3): „Er wird auftreten und ihr Hirt sein in der Kraft des Herrn, im hohen Namen Jahwes, seines Gottes. Sie werden in Sicherheit leben; denn nun reicht seine Macht bis an die Grenzen der Erde." – Ez 34,23ff: „Ich setze für sie einen einzigen Hirten ein, der sie auf die Weide führt, meinen Knecht David. Er wird sie weiden, und er wird ihr Hirt sein. (24) Ich selbst, der Herr, werde ihr Gott sein, und mein Knecht David wird in ihrer Mitte der Fürst sein. Ich, der Herr, habe gesprochen. (25) Ich schließe mit ihnen einen Friedensbund: Ich rotte die wilden Tiere im Land aus. Dann kann man in der Steppe sicher wohnen und in den Wäldern schlafen." Jesus hat sich als Hirt eingeführt (Lk 15,4-7): „Wenn einer von euch hundert Schafe hat und eins davon verliert, lässt er dann nicht die neunundneunzig in der Steppe zurück und geht dem verlorenen nach, bis er es findet? (5) Und wenn er es gefunden hat, nimmt er es voll Freude auf die Schultern, (6) und wenn er nach Hause kommt, ruft er seine Freunde und Nachbarn zusammen und sagt zu ihnen: Freut euch mit mir; ich habe mein Schaf wiedergefunden, das verloren war. (7) Ich sage euch: Ebenso wird auch im Himmel mehr Freude herrschen über einen einzigen Sünder, der umkehrt, als über neunundneunzig Gerechte, die es nicht nötig haben umzukehren." Wer auf Jesus Christus blickt, redet von keinem unbekannten Gott mehr. Jesus setzt sich für jeden Menschen ein bis zur Hingabe seines Lebens. „Ich bin der gute Hirt. Der gute Hirt gibt

sein Leben hin für die Schafe“ (Joh 10,11), sagt Jesus, und man sieht es an ihm. Dies bestätigt 1 Petr 2,25: „Denn ihr hattet euch verirrt wie Schafe, jetzt aber seid ihr heimgekehrt zum Hirten und Bischof eurer Seelen.“

Wer das vor Augen hat, kann überzeugt erklären "Nichts wird mir fehlen.“ Das heißt nicht, dass man immer alles haben wird, was man haben will und wie man es haben möchte. Ist der ewige, allmächtige Gott selber der Hirte, der sich für den Menschen sorgt, so mag vieles fehlen, was man haben will; es wird doch nichts fehlen, was man zum Leben braucht. Wer aber selbstverschuldet Christus nicht hat, möge sonst alles haben – es fehlt ihm dennoch alles, was sein Leben wahrhaftig lebenswert gestalten könnte.

„Er leitet mich auf rechten Pfaden.“ – Christus „leitet“ (Joh 10,3f): „Ihm öffnet der Türhüter, und die Schafe hören auf seine Stimme; er ruft die Schafe, die ihm gehören, einzeln beim Namen und führt sie hinaus. (4) Wenn er alle seine Schafe hinausgetrieben hat, geht er ihnen voraus, und die Schafe folgen ihm; denn sie kennen seine Stimme.“

Die Glaubenserfahrung „Du bist bei mir!“ darf wiederholt erlebt werden (Apg 18,9f): „Der Herr aber sagte nachts in einer Vision zu

Paulus: Fürchte dich nicht! Rede nur, schweige nicht! (10) Denn ich bin mit dir, niemand wird dir etwas antun."

Wie auch immer der Lebensweg gehen mag, Gott will dem Menschen nahe sein, vor allem da, wo er meint, er sei ihm fern. Mitten in gefährlicher Wanderschaft ist der Mensch unerwartet von Gott zu Tisch geladen, damit er Erquickung finde. Jesus selber ist das Brot des Lebens und löscht allen Durst (Joh 6,48.54: „Jesus antwortete ihnen: Ich bin das Brot des Lebens; wer zu mir kommt, wird nie mehr hungern, und wer an mich glaubt, wird nie mehr Durst haben." – 54) Wer mein Fleisch isst und mein Blut trinkt, hat das ewige Leben, und ich werde ihn auferwecken am Letzten Tag."

Das eucharistische Mahl ist der Tisch, den Gott deckt im Angesicht der Feinde. Im mystischen Mahl macht Christus jeden zu seinem Tischgenossen, um auch ihm seine Gemeinschaft zu bezeugen. Für den neuen Äon ist prophezeit (Lk 22,30): „Ihr sollt in meinem Reich mit mir an meinem Tisch essen und trinken, und ihr sollt auf Thronen sitzen und die zwölf Stämme Israels richten."

In Jesus, den „Gott gesalbt hat mit dem Öl der Freude" (Herr 1,9), hat der Vater „uns alle gesalbt und sein Siegel aufgedrückt und als ersten Anteil (am verheißenen Heil) den Geist in unser Herz gegeben" (2 Kor 1,21f).

Im Haus Jahwes darf ich wohnen" andeutet das Jesuswort (Lk 2,49): „Wusstet ihr nicht, dass ich in dem sein muss, was meinem Vater gehört?"

Die vollendete Hirtenliebe erweist sich in der Endzeit, wo Christus als Lamm erscheint (Offb 7,17) „Denn das Lamm in der Mitte vor dem Thron wird sie weiden und zu den Quellen führen, aus denen das Wasser des Lebens strömt, und Gott wird alle Tränen von ihren Augen abwischen."

Pater Augustinus Kurt Fenz

Hirt, nicht Tagelöhner

Ich bin der gute Hirt. Der gute Hirt gibt sein Leben hin für die Schafe. Der bezahlte Knecht aber, der nicht Hirt ist und dem die Schafe nicht gehören, lässt die Schafe im Stich und flieht, wenn er den Wolf kommen sieht; und der Wolf reißt sie und jagt sie auseinander. Er flieht, weil er nur ein bezahlter Knecht ist und ihm an den Schafen nichts liegt. Ich bin der gute Hirt; ich kenne die Meinen und die Meinen kennen mich, wie mich der Vater kennt und ich den Vater kenne; und ich gebe mein Leben hin für die Schafe. Ich habe noch andere Schafe, die nicht aus diesem Stall sind; auch sie muss ich führen, und sie werden auf meine Stimme hören; dann wird es nur eine Herde geben und einen Hirten.

Johannes 10,11-16

Zum Ziel kommen

Verleihe mir, allmächtiger Gott,
dass ich alles, was dein Wille ist
über meinem Leben,
umsichtig erforsche, wahrhaft erkenne
und vollkommen erfülle.
Ordne mein Leben so, wie es dir zur Ehre
und mir zum Heil sein kann.
Gib mir dazu, o Herr, ein starkes Herz,
ein freies Herz,
ein rechtschaffenes Herz,
ein wachsames Herz,
ein unwandelbares Herz.
Mache mich schlicht ohne Überheblichkeit,
ernst ohne Trauer,
mutig ohne Furcht,
fröhlich ohne Leichtsinn.
Lass meinen Weg gerade und sicher
zum Ziele kommen.
Lass mich immer auf dich hoffen,
liebreicher Gott meines Lebens. Amen.

Thomas von Aquin

Psalmengebete und Übersetzungen

Der Herr gibt mir das Arbeitstempo an

Psalm 23 von einer japanischen Christin
in ihre Umwelt übertragen.

1. Der Herr gibt mir das Arbeitstempo an; ich brauche nicht zu hetzen.

2. Er verschafft mir immer wieder einige ruhige Minuten, eine Atempause, wo ich zu mir kommen kann.

3. Er stellt mir beruhigende Bilder vor die Seele, die mir wieder und wieder zur Gelassenheit verhelfen. Oft lässt er mir die Dinge ganz mühelos und unversehens gelingen, und ich kann erstaunlich getrost sein. Ich merke: Wenn man sich diesem Herrn anvertraut, bleibt das Herz ganz ruhig.

4. Obwohl ich eine Fülle von täglichen Verpflichtungen habe, so brauche ich doch nicht nervös dabei zu werden. Seine stille Gegenwart befreit mich von aller Nervosität. Weil er über aller Zeit und über allen Dingen steht, verliert alles andere sein Gewicht.

5. Oft mitten im Gedränge gibt er mir ein ermutigendes Erlebnis, das ist, wie wenn mir einer eine Erfrischung darreicht. Freude erfüllt das Herz, und eine sichere Geborgenheit umfängt einen. Ich spüre, wie mir daraus neue Tatkraft zuströmt.

6. Ich habe erfahren, dass, wenn ich so mein Tagwerk tue, ich innerlich ausgeglichen bin. Innere Heiterkeit erfüllt mich, und Gelingen wird mir zuteil. Es macht mich froh zu wissen, dass ich meinem Herrn auf der Spur bin, dass ich allezeit bei ihm daheim sein darf.

Toki Miyaschina

Mir fehlt nichts mehr

Abendgebet für junge Eltern
mit ihren Kindern.

Jesus ist mein großer Freund. Wenn er mich an der Hand hält, fehlt mir nichts mehr. Wenn ich Hunger habe, sorgt er für Brot und Wurst und manchmal für Eis und Bonbons. Wenn ich friere, sorgt er für einen warmen Pullover und eine Mütze mit Ohrenschützern, die mich vor der Kälte schützt und auch noch schön aussieht. Wenn ich allein bin, schickt er mir Freunde zum Spielen. Wenn ich Angst habe, lässt er den Vater oder die Mutter nach mir schauen. Jesus ist mein großer Freund. Wenn er mich an der Hand hält, fehlt mir nichts mehr.

Dietrich Mendt

Mein Herz ist voll Freude

Ein indischer Christ formte nach einem tamulischen Lied ein sehr persönliches Gespräch.

Mein lieber Jesus, nimm mich an,
singt ein verirrtes Schaf,
nimm mich an als ein Schaf Deiner Herde.
Du kannst mich zu den grünen Weiden
des Lebens bringen,
die den Hunger meiner Seele stillen.
Einen anderen Hirten wie Dich gibt es nicht!
Du kannst mich zu den lebendigen Wassern
führen, die den Durst meiner Gedanken
löschen. Welch wunderbarer Hirte bist Du!
Du kannst mein Herz bewahren vor den
Wölfen meiner bösen Begierden.
Welch wachsamer Hirte bist Du!
Du gehst dem verlorenen Schaf mit Sorge
nach, bis Du es findest.
Welch sorgender Hirte bist Du!
Niemals habe, ich von einem Hirten gehört,
der sein Leben für die Schafe hingibt.
Du tatest es.
Gibt es einen anderen Hirten wie Dich?

Mein liebes Schaf, ich nehme dich an,
wie du bist, singt der Hirte, nehme dich an,
als ein Schaf meiner Herde.
Nie habe ich ein Schaf vertrieben.
Habe keine Angst, komme zu mir
Verschwende keine Zeit, komme bald.
Mein Herz ist voll Freude,
weil du zu meiner Herde gehören willst.
Achte nicht auf falsche Freunde,
die deinen Entschluss verlachen.
Für dein ganzes Leben kannst du Frieden
bei mir finden.
Du hast ein unruhiges Herz: Bringe es mir.
Ich bin die Tür.
Tritt durch mich ein in die Hürde.
Die Tür steht offen.
Komme schnell, komme, mein Schaf

Johnson Gnanabaranam

Herr, wir müssen wissen, wenn wir beten,
dass es nicht um uns alleine geht,
wenn wir zu dir sprechen,
sondern auch um alle andern Menschen.
Sie brauchen Hilfe wie wir,
oft sehr viel mehr.
Es ist nicht genug,
wenn wir dich bitten, dass du ihnen hilfst.
Wir müssen wissen,
dass du ihnen helfen willst durch uns.
Gib uns die Kraft, uns selbst zu überwinden,
abzugeben von unserm Überfluss,
weil du es bist, der uns auf einer grünen Aue weidet und zum frischen Wasser geführt hat,
abzugeben von unsrer Liebe, weil du unser Haupt mit Öl gesalbt hast und uns noch im Angesicht unserer Feinde voll eingeschenkt hast.
Gib uns die Kraft, das Gute zu tun, das wir ja wollen.
Gib uns die Kraft dazu, dass wahr wird, wenn es heißt: Gutes und Barmherzigkeit werden mir folgen mein Leben lang und ich werde bleiben im Hause des Herrn immerdar.

Psalm 23

Weil der Herr uns leitet,
gehen wir fröhlich in den neuen Tag.

Unser Leben ist wie eine Fahrt:
Morgens zur Arbeit und abends nach Hause,
und der Herr fährt mit.
Wir ziehen hinaus zum See
und in fremde Länder,
und der Herr bleibt neben uns.

Jeder Tag gibt Grund zu neuem Dank:
reichliche Pflichten und heimliche Gaben
aus der Hand des Herrn.
Wir gehen zu frohem Tanz
und zu stiller Einkehr,
ein Geschenk liegt stets bereit.

Auch am Tag der Angst ist er uns nah,
wenn wir erschrecken,
vom Unfall bedroht sind,
jäh der Mut erlischt.
Wer kennt unsere Not wie du?
Du suchst längst nach Helfern.
Du hörst jeden Hilferuf.

Unser Leben ist wie eine Fahrt:
früh voll Versprechen und abends voll Freude.
Denn du gibst weit mehr:
Wir bitten dich um Geleit,
und du schenkst dich selber.
Jeder Tag wird ein Gewinn.

Gottfried Schille

*D*er Herr ist mein Programmierer;
Ich werde nicht abstürzen.
Er installiert seine Software
auf der Festplatte meines Herzens.
Und seine Befehle sind benutzerfreundlich.
Er lässt mich frei wählen.
Seine Eingaben lassen mich
die richtige Wahl treffen.
Auch wenn mein Leben
nicht frei von Viren ist,
fürchte ich keinen Absturz;
denn du bist meine Firewall,
dein Virenscanner beschützt
mich Tag und Nacht.
Du hältst Spams von mir fern.
Du gewährst mir Hilfe auf Tastendruck,
und dein Service ist kostenlos.
Updates erreichen mich mein Leben lang,
und mein Ordner wird bleiben auf
seinem Server,
gesichert immerdar.

Susanne Schart / Christhard Ebert

Wozu sorge ich?

Gott ist mein Hirte,
mir wird nichts mangeln.
Er weidet mich auf einer grünen Aue
und führt mich zum frischen Wasser.

Er erquickt meine Seele.
Mein Weg ist ohne Gefahr,
denn er selbst ist es,
der mich leitet.

Und wanderte ich im finstern Tal,
fürchte ich kein Unheil,
denn du bist bei mir.
Du gibst mir Frieden.

Du deckst meinen Tisch
in deinem Haus,
in das kein Feind mir folgt,
keine Schuld und kein Fluch.

Du machst meine Seele rein
und schmückst mich festlich.
Der Becher, den ich trinke,
fließt über von erfrischendem Trank.

Mit Güte und Freundlichkeit
umgibt mich Gott, solange ich lebe,
und ich habe Wohnrecht in seinem Haus,
jetzt und in Ewigkeit.

Jörg Zink

Ein Harfenlied Dawids

ER ist mein Hirt, mir mangelts nicht.
Auf Grastriften lagert er mich,
zu Wassern der Ruh führt er mich.
Die Seele mir bringt er zurück,
er leitet mich in wahrhaftigen Gleisen
um seines Namens Willen. –
Auch wenn ich gehen muss
durch die Todschattenschlucht,
fürchte ich nichts Böses,
denn du bist bei mir, dein Stab,
deine Stütze –
die trösten mich.
Du rüstest den Tisch mir meinen
Drängern zugegen,
streichst das Haupt mir mit Öl,
mein Kelch ist Genügen.
Nur Gutes und Holdes verfolgen mich
nun alle Tage meines Lebens,
ich kehre zurück zu DEINEM Haus
für die Länge der Tage.

Verdeutscht von Martin Buber

Der HERR ist mein Hirt

Ein Lied Davids.
Der HERR ist mein Hirt;
darum leide ich keine Not.
Er bringt mich auf saftige Weiden,
lässt mich ruhen am frischen Wasser
und gibt mir neue Kraft.
Auf sicheren Wegen leitet er mich,
dafür bürgt er mit seinem Namen.
Und muss ich auch durchs finstere Tal –
ich fürchte kein Unheil!
Du, HERR, bist ja bei mir;
du schützt mich und du führst mich,
das macht mir Mut.

Vor den Augen meiner Feinde
deckst du mir deinen Tisch;
festlich nimmst du mich bei dir auf
und füllst mir den Becher randvoll.

Deine Güte und Liebe umgeben mich
an jedem neuen Tag;
in deinem Haus darf ich nun bleiben
mein Leben lang.

Gute Nachricht Bibel

Der gute Hirte

Ein Lied Davids.
Der Herr ist mein Hirte.
Nichts wird mir fehlen.
Er weidet mich auf saftigen Wiesen
und führt mich zu frischen Quellen.
Er gibt mir neue Kraft.
Er leitet mich auf sicheren Wegen,
weil er der gute Hirte ist.
Und geht es auch durch dunkle Täler,
fürchte ich mich nicht.
Denn du, Herr, bist bei mir.
Du beschützt mich mit deinem Hirtenstab.
Du lädst mich ein
und deckst mir den Tisch
vor den Augen meiner Feinde.
Du begrüßt mich wie ein Hausherr seinen Gast
und gibst mir mehr als genug.
Deine Güte und Liebe werden mich begleiten
in deinem Haus darf ich für immer bleiben.

Hoffnung für alle Bibel

Quellenverzeichnis

Texte

Martin Adel, Herr, wir haben oft gebetet. Rechte beim Autor.

Martin Buber, Ein Harfenlied Dawids. Aus: ders., Das Buch der Preisungen. Die Psalmen. © by Gütersloher Verlagshaus, Gütersloh, in der Verlagsgruppe Random House GmbH, München.

P. Augustinus Kurt Fenz, Denn du bist bei mir! Rechte beim Autor.

Christian Fleischer, Geschenk für meine Seele. Rechte beim Autor.

Johnson Gnanabaranam, Mein Herz ist voll Freude. Aus: Heute mein Jesus. © Erlanger Verlag für Mission und Ökumene, Neuendettelsau 1967, Seite 74.

Roland Goeden, Das Bild vom Hirten aus einer Predigt über Psalm 23. Rechte beim Autor.

Hanns Dieter Hüsch, Und wenn ich nicht wüsste. Aus: Hanns Dieter Hüsch/Uwe Seidel, Ich stehe unter Gottes Schutz, Seite 14, 2007/10 © tvd-Verlag Düsseldorf 1996.

Hanns Dieter Hüsch, Und wenn ich auch nichts mehr sähe. Aus: Hanns Dieter Hüsch/Uwe Seidel, Ich stehe unter Gottes Schutz, Seite 15, 2007/10 © tvd-Verlag Düsseldorf 1996.

Max Lucado, Ruhe. Aus: ders., Leichter durchs Leben. Gerth Medien, Asslar 2003.

Klaus Mayer, Gestillt: Rechte beim Autor.

Dietrich Mendt, Mir fehlt nichts mehr. Aus: ders., Eine kleine Pause für Gott © Evangelische Verlagsanstalt GmbH, Berlin, 5. Auflage 1988

Toki Miyaschina, Der Herr gibt mir das Arbeitstempo an. Aus: U. Seidel/D. Zils (Hg.) Aktion Gottesdienst. © Peter Hammer Verlag (Jugenddienst-Verlag) Wuppertal, 1970.

Jürgen Rennert, Hinterfragt. Rechte beim Autor.

Dagmar Rost/Joseph Machalke, Du bist gut. Aus ders., Meine Konfirmation © by Gütersloher Verlagshaus, Gütersloh, in der Verlagsgruppe Random House GmbH, München.

Susanne Schart/Christhard Ebert. Der Herr ist mein Programmierer. Rechte bei den Autoren.

Winfrid Schiffers, Der Herr geht neben mir. Rechte beim Autor.

Gottfried Schille, Weil der Herr uns leitet. Aus: ders., Die dich rühmen, haben ihren Tag gewonnen. Psalmnachdichtungen, hrsg. Im Auftrag des Lutherischen Kirchenamtes der Vereinigten Evangelisch-Lutherischen Kirche Deutschlands (VELKD), Hannover, 2005.

Rudolf Otto Wiemer, Psalm 23. Aus: ders.: Chance der Bärenraupe, F. H. Kerle Verlag, Freiburg/Heidelberg 1980, © Rudolf Otto Wiemer Erben, Hildesheim.

Wilhelm Willms, psalm 23. Aus: ders.: roter faden glück. Psalm 23. © 1974 Butzon & Bercker GmbH, Kevelaer, 5. Aufl. 1998, www.bube.de.

Jörg Zink, Bei Gott bin ich geborgen. Aus: ders., Das Geschenk eines jeden Tages © Kreuz Verlag, Stuttgart 2005, Seite 249.

Jörg Zink, Wozu sorge ich? Aus: ders., Die Bibel © Kreuz Verlag, Stuttgart 2008, Seite 298-299.

Seite 26: Übersetzung nach der Lutherbibel von 1912.

Seite 118: Gute Nachricht Bibel, revidierte Fassung, durchgesehene Ausgabe in neuer Rechtschreibung © 2000 Deutsche Bibelgesellschaft, Stuttgart.

Seite 119: Die Bibelstelle ist der Übersetzung Hoffnung für alle® entnommen. © 1983, 1996, 2002 by International Bible Society® Verwendet mit freundlicher Genehmigung des Verlags.

Alle Texte der Heiligen Schrift, sofern nicht anders angegeben: Einheitsübersetzung der Heiligen Schrift, © 1980 Katholische Bibelanstalt, Stuttgart

Bilder

Seite 8/9: bilderbox – fotolia.com

Seite 76: Marc Chagall, © VG Bild-Kunst, Bonn 2009

Seite 81: picture-alliance/KPA/Rue des Archives

Seite 97: piccaya – fotolia.com

Seite 109: PeJo – Fotolia.com

Seite 117: Heiko Han – Fotolia.com

Wir danken allen Inhabern von Text- und Bildrechten für die Abdruckerlaubnis. Der Verlag hat sich bemüht, alle Rechteinhaber in Erfahrung zu bringen. Für zusätzliche Hinweise sind wir dankbar.